Impressum
Verlag: BABADADA GmbH, Nedderfeld 112 , 22529 Hamburg
Geschäftsführer / Verlagsleitung: Harald Hof
Druck: Books on Demand GmbH, In de Tarpen 42, 22848 Norderstedt

Imprint
Publisher: BABADADA GmbH, Nedderfeld 112 , 22529 Hamburg, Germany
Managing Director / Publishing direction: Harald Hof
Print: Books on Demand GmbH, In de Tarpen 42, 22848 Norderstedt

# duɗal
# school

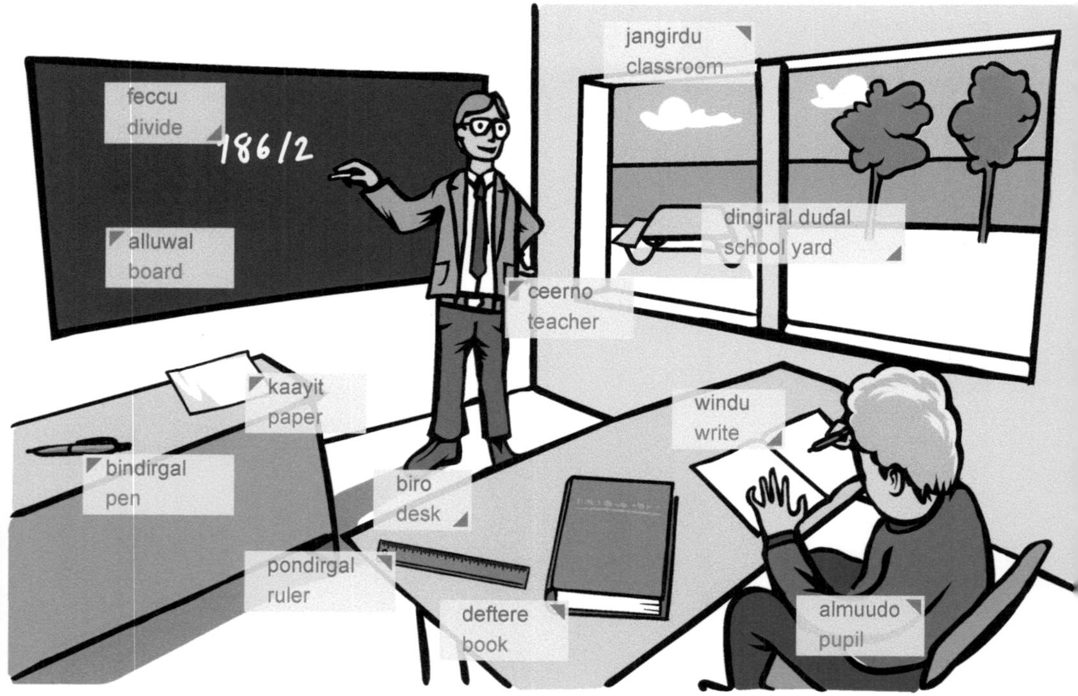

jangirdu
classroom
feccu
divide
186/2
dingiral duɗal
school yard
alluwal
board
ceerno
teacher
kaayit
paper
windu
write
bindirgal
pen
biro
desk
pondirgal
ruler
deftere
book
almuudo
pupil


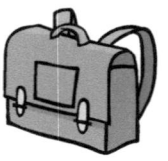

sakosel

satchel

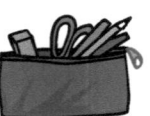

suudu kuɗol

pencil case

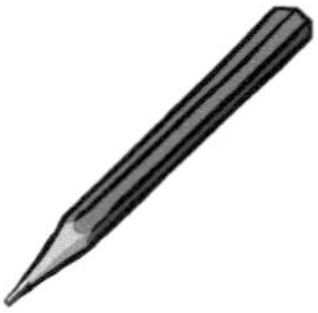

kuɗol

pencil

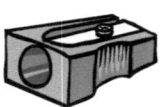

ceeɓnoowo kuɗol

pencil sharpener

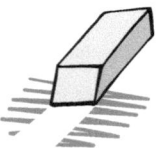

momtirgal

rubber

nokku diidirɗo

drawing pad

diidgol

drawing

diidirgal

paintbrush

suudu diidordu

paint box

sisooje

scissors

kol

glue

deftere softinorde

exercise book

coftinogol

homework

tongoode

number

ɓeydu

add

ustu

subtract

hebbin

multiply

lim

calculate

ɓataake

letter

hijju

alphabet

kongol

word

windande

text

jangu

read

bindirgal

chalk

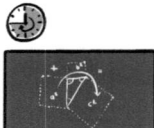

darsu

lesson

windaade

register

ÿeewtogol

exam

ijaazi

certificate

wutte jaŋirɗo

school uniform

jaŋde

education

ɗowitorde mawnde

encyclopedia

jaaɓi haatirde

university

mokoroskop

microscope

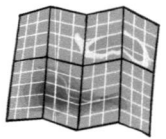

wertaango

map

siwo mbalis

waste-paper basket

# ɗannaade
## travel

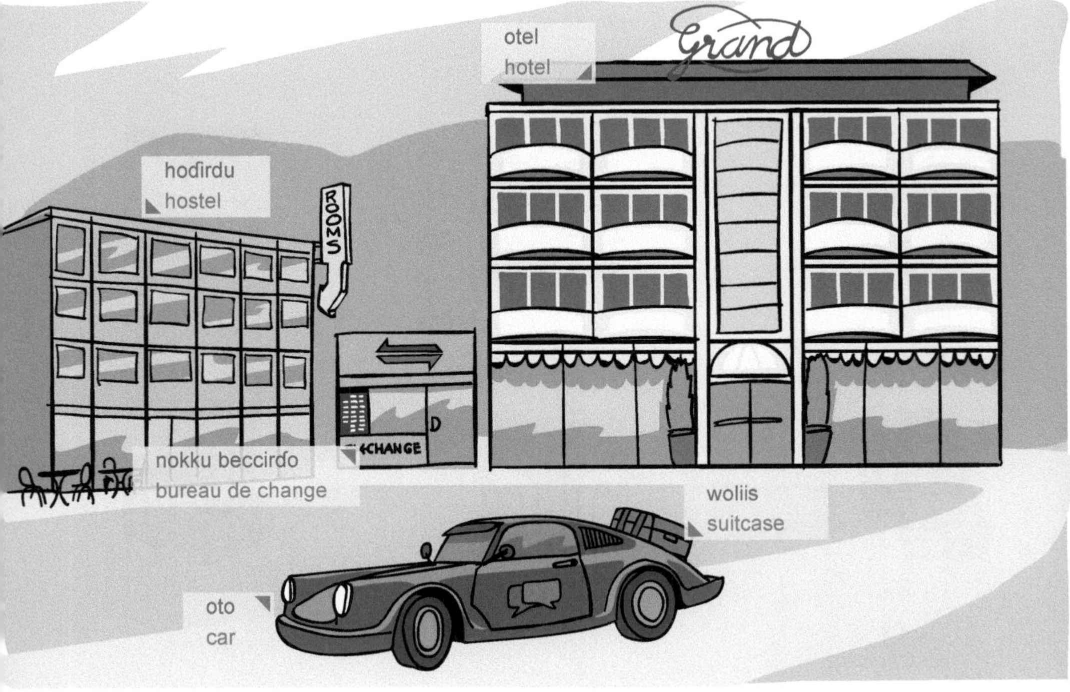
otel
hotel
Grand
hoɗirdu
hostel
ROOMS
nokku beccirɗo
bureau de change
woliis
suitcase
oto
car

ɗemngal

language

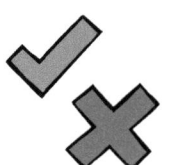

ey / ala

yes / no

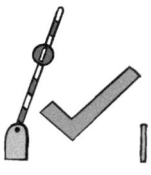

Eyyo

Okay

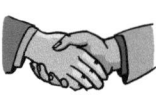

mbaɗɗa

hello

pirtoowo

translator

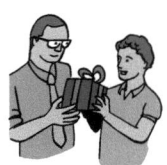

jaraama

Thank you

hono foti...?

how much is...?

mi faamaani

I do not understand

satteende

problem

jam hiiri

Good evening!

jam waali

Good morning!

jam waal

Good night!

baay baay

bye bye

ngardiindi

direction

kaake

luggage

saak

bag

saak bakke

backpack

koɗo

guest

suudu

room

saak ɗaanorɗo

sleeping bag

taanta

tent

kabaaru jillotoodo
..................
tourist information

palaaz
..................
beach

kartal keredii
..................
credit card

kasitaari
..................
breakfast

bottaari
..................
lunch

hiraande
..................
dinner

tikkett
..................
ticket

suutde
..................
lift

tembere
..................
stamp

keerol
..................
border

soodoobe
..................
customs

ambasaat
..................
embassy

wiisa
..................
visa

paaspoor
..................
passport

# yangarta
# transport

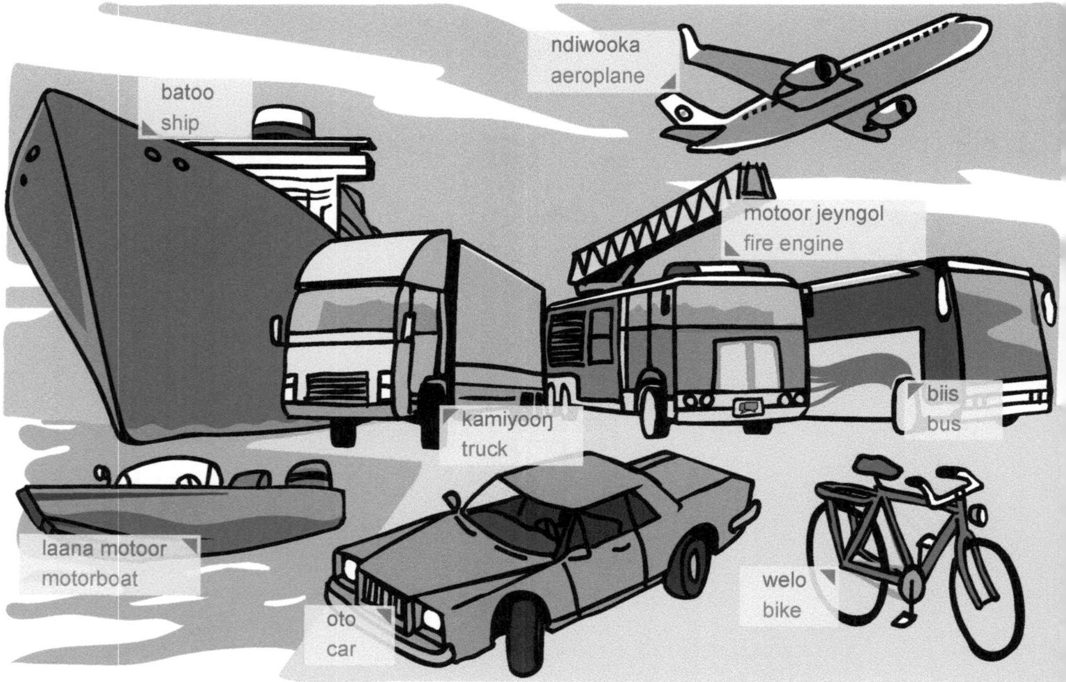

ndiwooka
aeroplane
batoo
ship
motoor jeyngol
fire engine
biis
bus
kamiyooŋ
truck
laana motoor
motorboat
welo
bike
oto
car


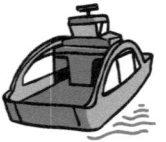

baak
ferry

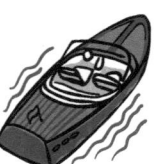

laana
boat

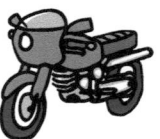

welo motoor
motorbike

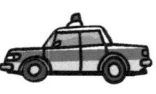

oto poliis
police car

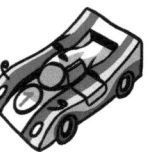

oto dandu
racing car

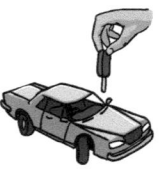

otoluwaaɗo
rental car

rendude oto

car sharing

leŋge

breakdown truck

kamiyooŋ salo

refuse truck

moto

motor

gaas

fuel

esaaseer

petrol station

maantorde tali

traffic sign

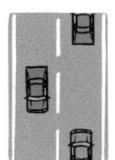

tali

traffic

ɓittugol tali

traffic jam

darnirde oto

car park

dartorde teree

train station

laabi

tracks

teree

train

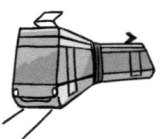

taraam

tram

nawgol

carriage

elikooteer

helicopter

aydapoor

airport

hubeere

tower

jahoowo

passenger

kontaneer

container

kees

carton

saret

cart

siwo

basket

diw / tello

take off / land

# wuro

## city

saare

village

hakkunde wuro

city centre

galle

house

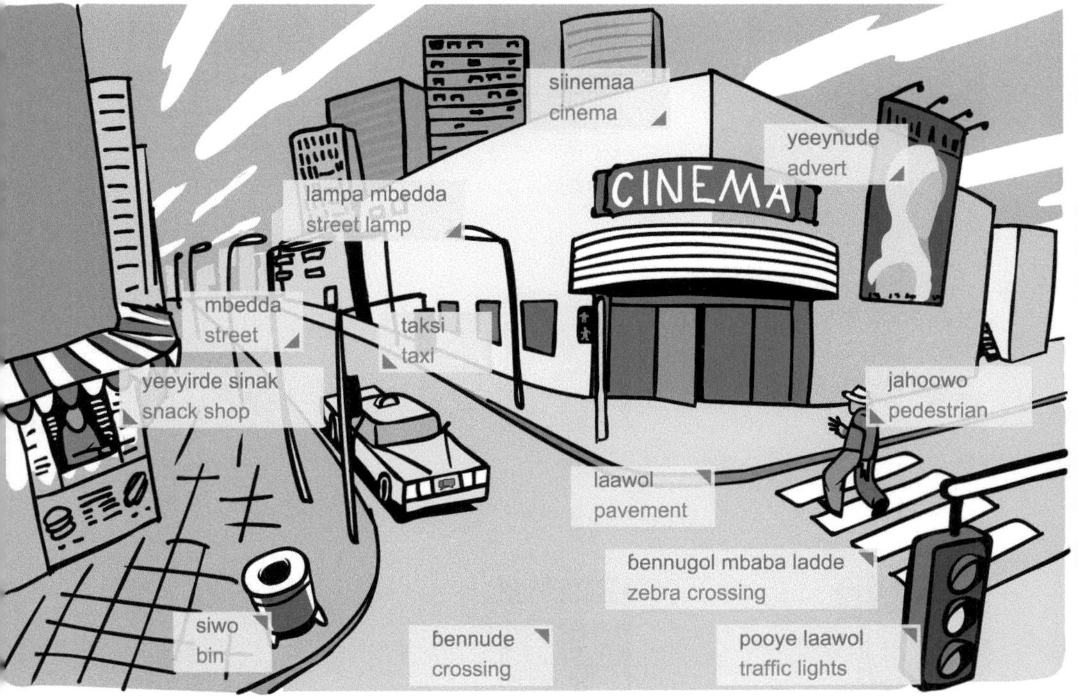
siinemaa
cinema
yeeynude
advert
CINEMA
lampa mbedda
street lamp
mbedda
street
taksi
taxi
yeeyirde sinak
snack shop
jahoowo
pedestrian
laawol
pavement
ɓennugol mbaba ladde
zebra crossing
siwo
bin
ɓennude
crossing
pooye laawol
traffic lights

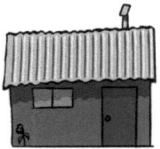

tiba

hut

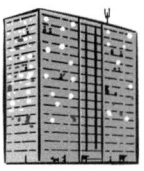

hoɗorde

flat

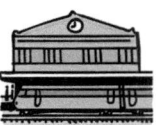

dartorde teree

train station

meeri

town hall

MUSEUM

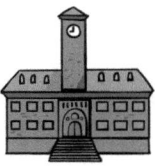

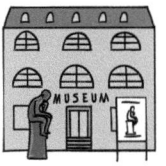

miise

museum

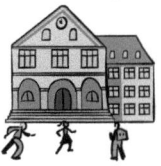

duɗal

school

jaaɓi haatirde

university

baŋke

bank

safrirdu

hospital

otel

hotel

farmasii

pharmacy

gollorde

office

yeeyirde defte

book shop

yeeyirde

shop

mo nehoowo leɗɗe

florist's

duggere

supermarket

jeere

market

yeeyirde diiwaan

department store

mo gawoowo

fishmonger's

nokku njeeygu

shopping centre

telloorde

harbour

parka

park

joodorde

bench

pooŋ

bridge

ŋabbirɗe

stairs

les leydi

underground

laawol les

tunnel

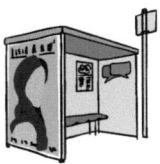

dartorde biis

bus stop

baar

bar

restoraaŋ

restaurant

suudu posto

postbox

maantorde mbedda

street sign

meetorde parka

parking meter

nehirde kulle

zoo

pisiin

swimming pool

jumaa

mosque

ngesa

farm

bonande

pollution

genaale

graveyard

ekiliis

church

dingiral

playground

tempele

temple

## satto

## landscape

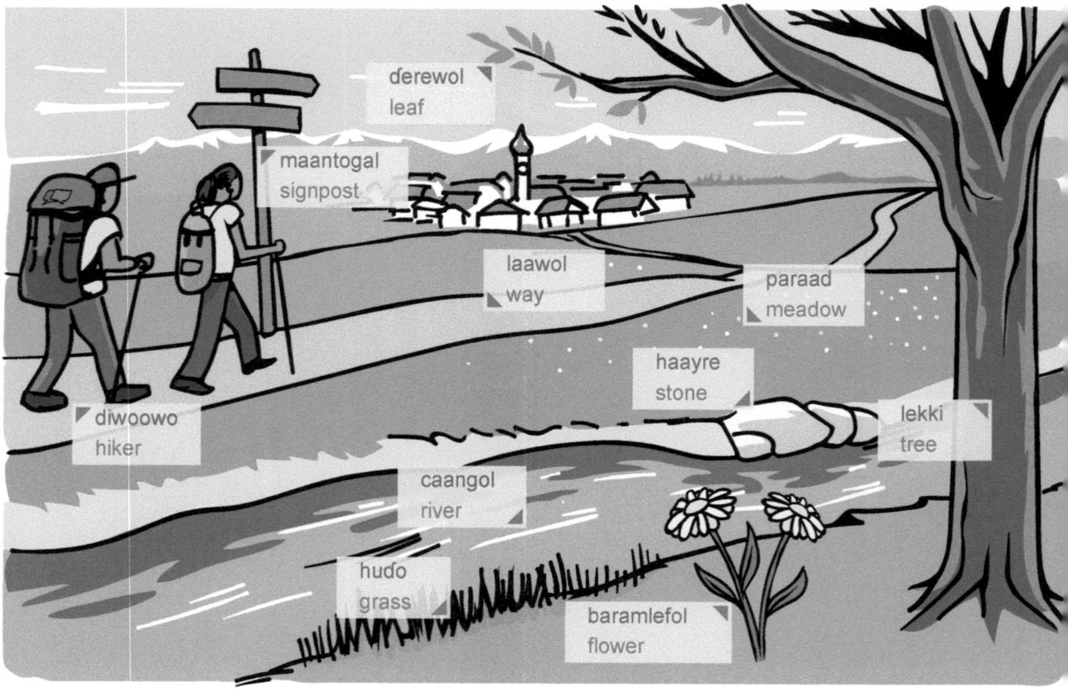

derewol
leaf

maantogal
signpost

laawol
way

paraad
meadow

haayre
stone

diwoowo
hiker

lekki
tree

caangol
river

huɗo
grass

baramlefol
flower

fongo

valley

tiwaande

hill

weendu

lake

dundu

forest

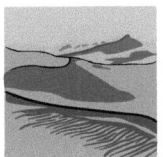

ladde

desert

wolkaaŋ

volcano

hoɗorde

castle

timtimol

rainbow

wiiduru gaynaako

mushroom

lekki koko

palm tree

ɓongu

mosquito

diw

fly

ñuuñu

ant

ñaaku

bee

njabala

spider

karaab

beetle

paaɓa

frog

jiire

squirrel

nguru paaɓa

hedgehog

wojere

hare

hooweere

owl

ndiwri

bird

kankaleewal

swan

fowru

boar

lella

deer

kooba

moose

baaraas

dam

seɗa hendu

wind turbine

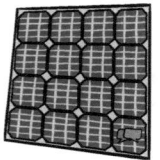

mbeɗu naange

solar panel

kilimaaŋ

climate

carwoowo
waiter

ndefu
menu

joođorde
chair

suppu
soup

pissaa
pizza

nappu
tablecloth

wutayel
cutlery

pudđorđo

starter

barme mawđo

main course

deseer

dessert

njarameeje

drinks

ñamri

food

bitel

bottle

**fastfuut**

fast food

**ñaamde mbedda**

street food

**pot ataaya**

teapot

**taasa suukara**

sugar bowl

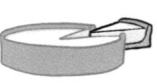

**geɗal**

portion

**masiŋ esperesoo**

espresso machine

**jooɗorde toownde**

high chair

**faktiir**

bill

**terey**

tray

**paaka**

knife

**fursett**

fork

**kuddu**

spoon

**kuddu ataaya**

teaspoon

**torsooŋ**

serviette

**weer**

glass

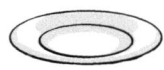

palaat

plate

palaat suppu

soup plate

coosoowo

saucer

soos

sauce

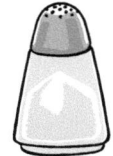

pot lamɗam

salt pot

poobaar

pepper mill

wineegar

vinegar

diwliin

oil

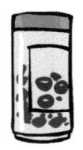

kaaniije

spices

ketsoop

ketchup

mutaarde

mustard

maynees

mayonnaise

# duggere
# supermarket

dokkal teentungal
special offer
FOR
coodoowo
customer
deftel
dairy
ɓingel leggal
fruit
saret
trolley

BUTCHERS

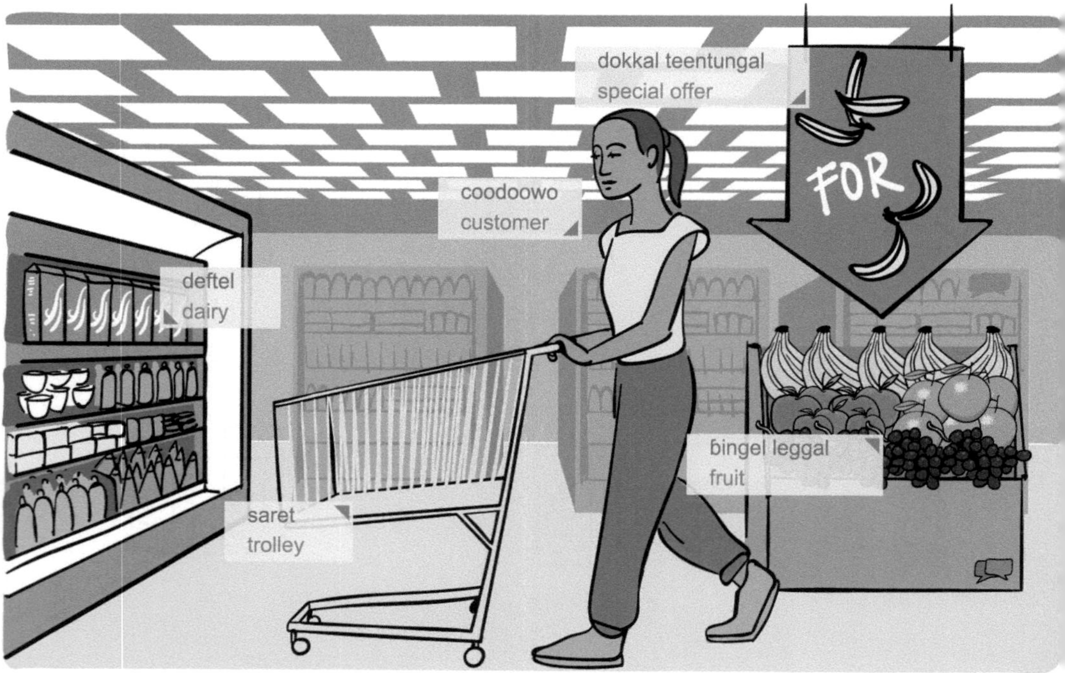

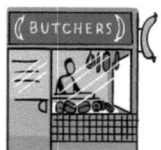

mo jeeyoowo teewu

butcher´s

BAKERY

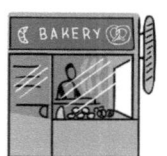

mo piyoowo mburu

baker´s

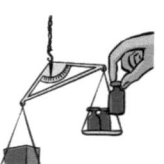

ɓett

weigh

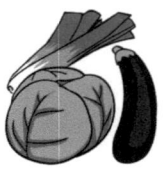

ɓiɓe leɗɗe

vegetables

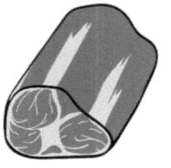

teewu

meat

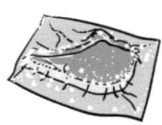

ñamri fendiindi

frozen food

**teewu buuɓngu**

cold meat

**ñamri**

tinned food

**omo**

washing powder

**tangaleeji**

sweets

**geɗe galle**

household products

**geɗe laɓɓinooje**

cleaning products

**jeeyoowo**

salesperson

**hippoode**

till

**ngaluyanke**

cashier

**limo soodetee**

shopping list

**waktuuji gudditeeɗi**

opening hours

**kalbe**

wallet

**kartal keredii**

credit card

**saak**

bag

**saak dalli**

plastic bag

ndiyam

water

sii

juice

kosam

milk

Koowk

coke

sangara

wine

sangara

beer

alkol

alcohol

koka

cocoa

ataaya

tea

kafe

coffee

esperesoo

espresso

kaputsiino

cappuccino

## food

banaana

banana

pomere

apple

oraaŋs

orange

dende

melon

limoŋ

lemon

karott

carrot

laac

garlic

bambuu

bamboo

soblere

onion

wiiduru gaynako

mushroom

gerte

nuts

kodde

noodles

espaketii

spaghetti

maaro

rice

solaat

salad

sipse

chips

padaas pasnaaɗo

fried potatoes

pissaa

pizza

amburgoor

hamburger

sandiis

sandwich

tayre

cutlet

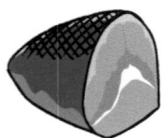

heltinde

ham

salaami

salami

soosiis

sausage

gertogal

chicken

juɗe

roast

liingu

fish

karaw

porridge oats

miyesli

muesli

butaali makka

cornflakes

cafka

flour

koraasaŋ

croissant

loocol mburu

bread roll

mburu

bread

mburu

toast

mbiskit

biscuits

boor

butter

caakri

curd

ngato

cake

boofoode

egg

bofoode defaaɗo

fried egg

formaas

cheese

kerem galaas

ice cream

suukara

sugar

njuumri

honey

piire

jam

soosde sokola

chocolate spread

kiri

curry

# ngesa
## farm

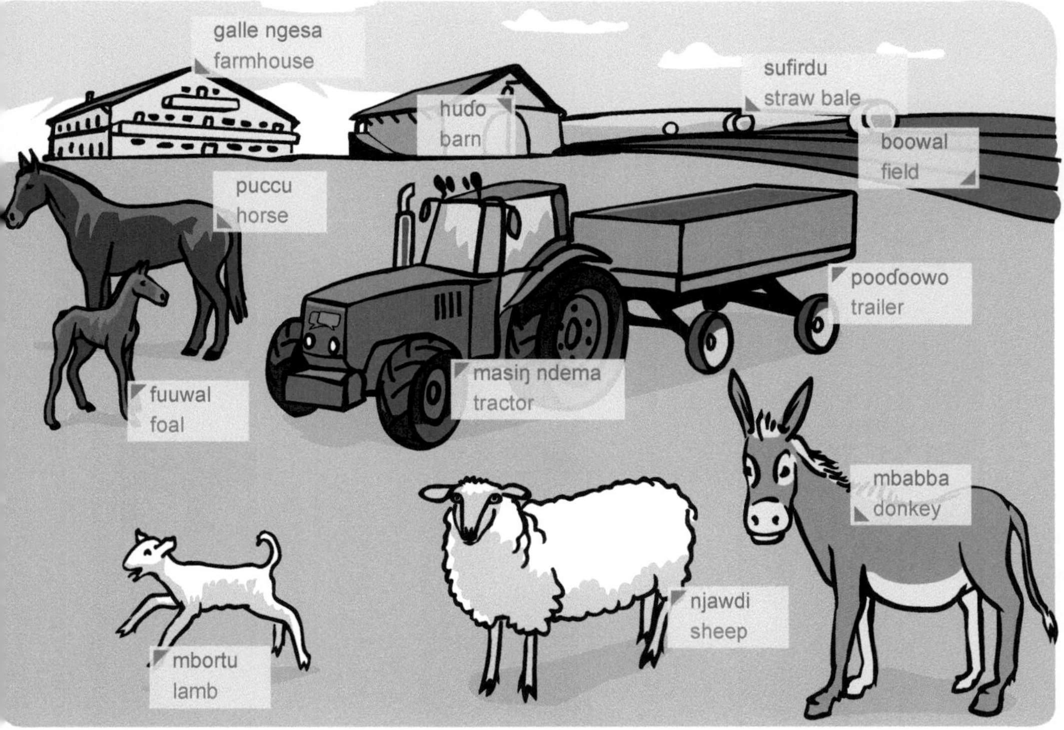
galle ngesa
farmhouse
huɗo
barn
sufirdu
straw bale
boowal
field
puccu
horse
poodoowo
trailer
masiŋ ndema
tractor
fuuwal
foal
mbabba
donkey
njawdi
sheep
mbortu
lamb

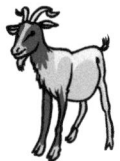

ndamndi

goat

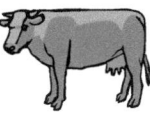

ngaari

cow

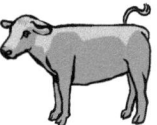

ñale

calf

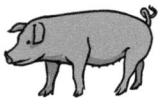

mbaba tugal

pig

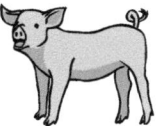

ɓingel tugal

piglet

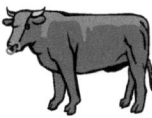

ngaari

bull

jaawalal

goose

jaawangal

duck

gertogal

chick

jarlal

hen

ngori

cock

doombru

rat

ulluundu

cat

dombru

mouse

ngaari

ox

rawaandu

dog

suudu rawaandu

doghouse

lekki werte

garden hose

bitel ndiyam

watering can

jalo

scythe

jabbude

plough

wafdu

sickle

caga

hoe

furset yettirɗo

pitchfork

jambere

axe

burwett

wheelbarrow

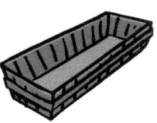

jardugal

trough

bitel kosam

milk can

bonnude

sack

heerorde

fence

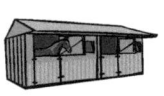

dari

stable

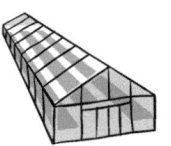

resofmaaŋ

greenhouse

leydi

soil

aawdi

seed

engere

fertilizer

rendin coñoowo

combine harvester

soñ

harvest

coñal

harvest

ñambi

yams

ndiyamiri

wheat

soozaa

soy

padaas

potato

makka

corn

aawdi adan

rapeseed

lekki ɓesnooki

fruit tree

kasaawa

cassava

gawri

cereals

# galle

# house

semineey
chimney
mbildi
roof
wuddere nawirde
drainpipe
falanteere
window
gaaraas
garage
noddirgel dama
doorbell
damal
door
siwu mbalis
rubbish bin
suudu ɓataake
letterbox
sardiŋe
garden

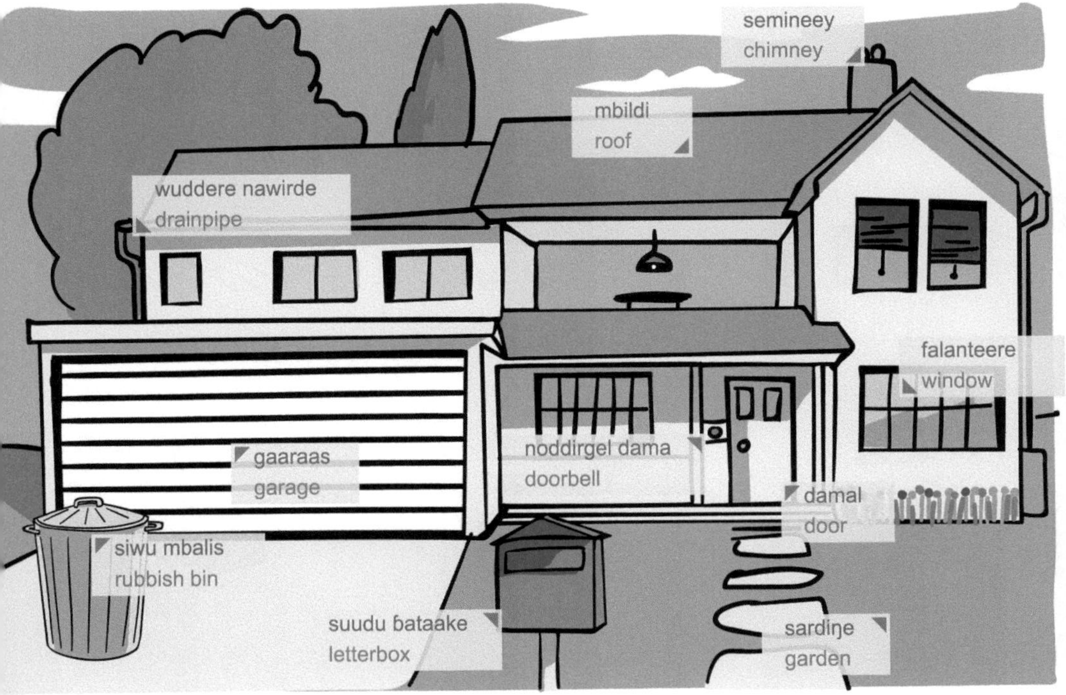

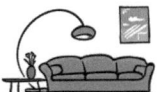

saal

living room

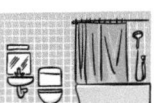

lootorde

bathroom

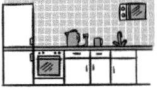

waañ

kitchen

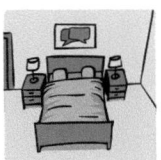

suudu lelteendu

bedroom

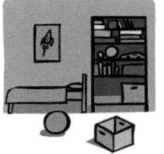

suudu suka

child's room

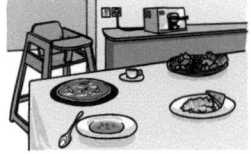

suudu hirtordu

dining room

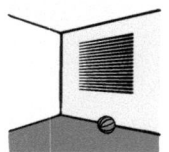

leydi

floor

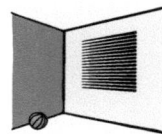

miir

wall

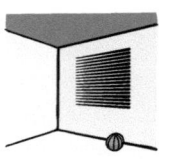

dira

ceiling

masiŋel

cellar

soona

sauna

balkooŋ

balcony

teeraas

terrace

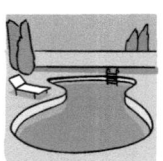

pisin

pool

tondoos

lawn mower

kaayit

sheet

mbertanteeri

bedspread

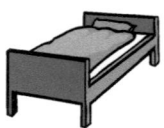

lelnde

bed

pittirɗe

broom

siwoo

bucket

waylu

switch

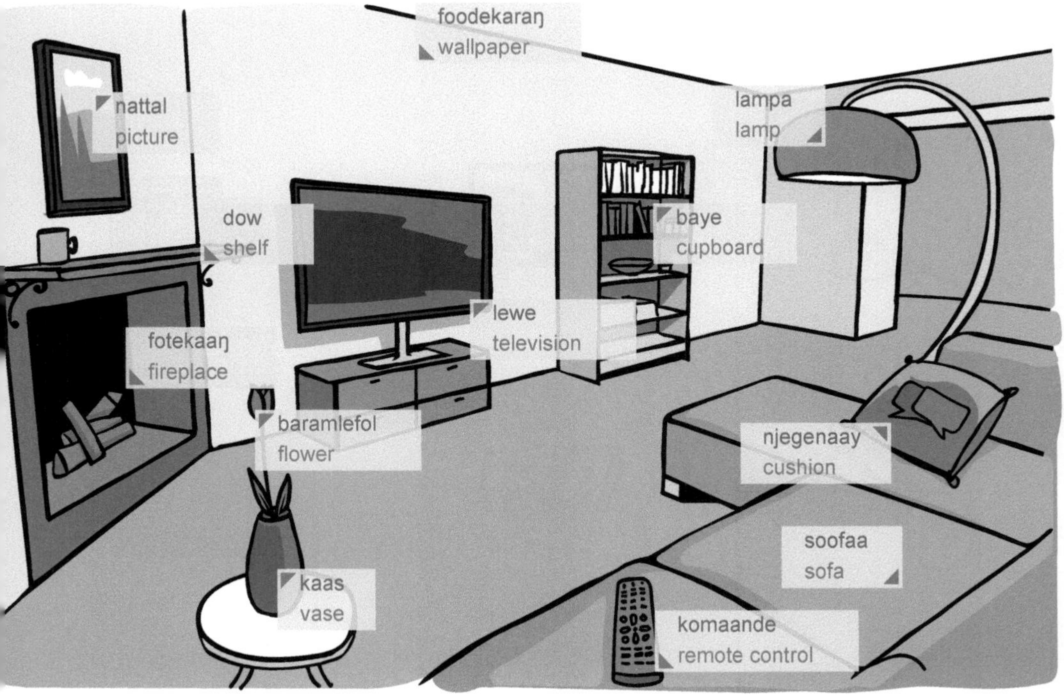

foodekaraŋ
wallpaper

nattal
picture

lampa
lamp

dow
shelf

baye
cupboard

fotekaaŋ
fireplace

lewe
television

baramlefol
flower

njegenaay
cushion

soofaa
sofa

kaas
vase

komaande
remote control

tappi

carpet

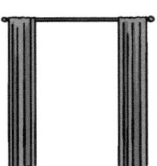

rido

curtain

taabal

table

jooɗorde

chair

jooɗorde timmunde

rocking chair

tuggorde

armchair

deftere

book

suddaare

blanket

cinki

decoration

docotal

firewood

filmo

film

kuutorde hi-fi

hi-fi equipment

caabi

key

jaaynde

newspaper

pentiirde

painting

posteer

poster

haalirde

radio

deftel mooftirgel

notepad

ŋabbude

hoover

siwo lekki

cactus

sondel

candle

# waañ
## kitchen

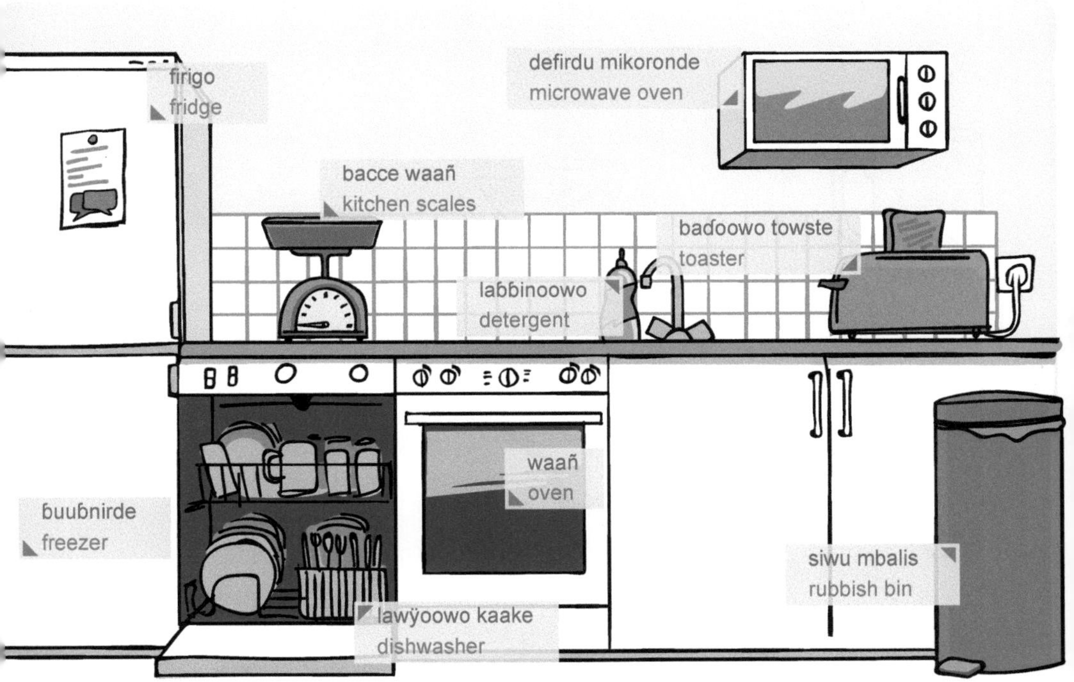
firigo
fridge
defirdu mikoronde
microwave oven
bacce waañ
kitchen scales
baɗoowo towste
toaster
laɓɓinoowo
detergent
waañ
oven
ɓuuɓnirde
freezer
siwu mbalis
rubbish bin
lawƴoowo kaake
dishwasher

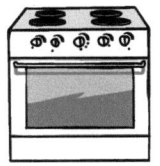

defoowo

cooker

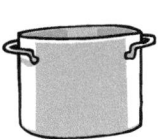

pot

pot

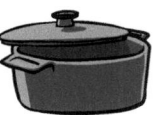

pot baɗɗo njamdi

cast-iron pot

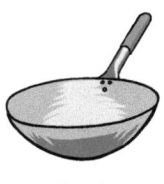

lehel

wok / kadai

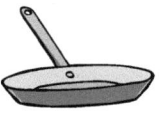

lahal

pan

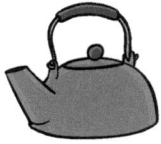

baraade

kettle

gulnoowo

steamer

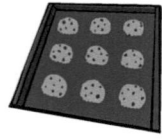

fuur cumirɗo

baking tray

wiisirde

crockery

kaas

mug

taasa

bowl

bakett

chopsticks

heɗirde

ladle

kuundal

spatula

burgal

whisk

gulnirɗo

strainer

pool

sieve

koosoowo

grater

wowru

mortar

njuɗu

barbecue

lewlewndu

open fire

**alluwal tayirgal**

chopping board

**dullirgal**

rolling pin

**tenaay**

corkscrew

**potyel**

can

**udditirɗo potyel**

can opener

**jaggoowo pot**

pot holder

**lawÿirde**

sink

**borisde**

brush

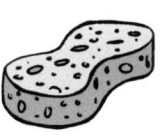

**epoos**

sponge

**jiiɓoowo**

blender

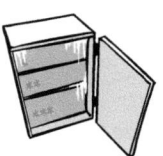

**firigo juutɗo**

deep freezer

**bitel tiggu**

baby bottle

**robine**

tap

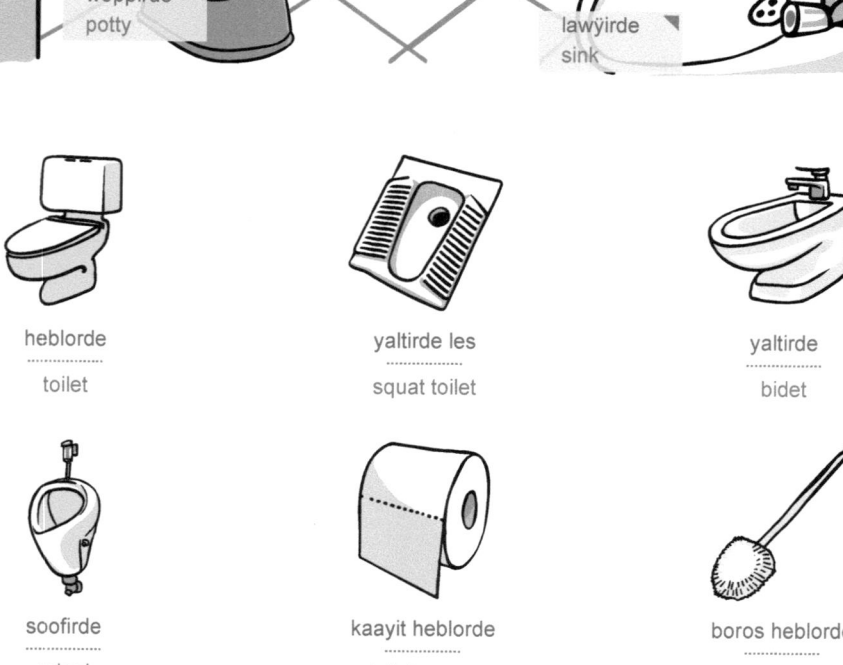

# lootorde
## bathroom

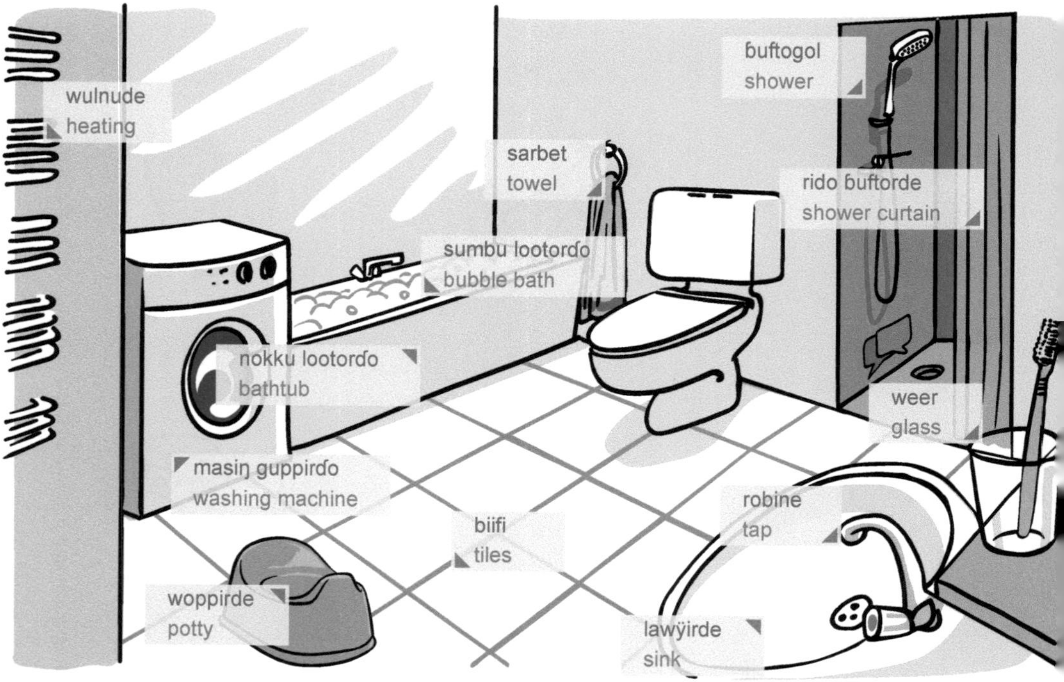

wulnude
heating
ɓuftogol
shower
sarbet
towel
rido ɓuftorde
shower curtain
sumbu lootorɗo
bubble bath
nokku lootorɗo
bathtub
weer
glass
masiŋ guppirɗo
washing machine
robine
tap
biifi
tiles
woppirde
potty
lawÿirde
sink


heblorde

toilet

yaltirde les

squat toilet

yaltirde

bidet

soofirde

urinal

kaayit heblorde

toilet paper

boros heblorde

toilet brush

**boros ñiiÿe**

toothbrush

**pat cocorɗo**

toothpaste

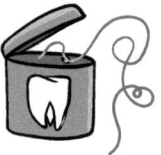

**cocorgal**

dental floss

**lawyu**

wash

**ɓuftorde jungo**

handheld shower

**jampe**

douche

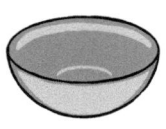

**taasa**

basin

**boros keeci**

back brush

**saabunde**

soap

**nebam ɓuftorde**

shower gel

**sampoye**

shampoo

**lootogel**

flannel

**yupude**

drain

**mileen**

cream

**lati**

deodorant

daarogal

mirror

daarogal jungo

hand mirror

rasuwaar

razor

sumbu pemborɗo

shaving foam

lallitirde

aftershave

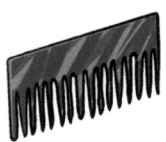

koomu

comb

boros

brush

yoorno hoore

hair dryer

uurna hoore

hairspray

makiyaas

makeup

lippo

lipstick

emaaye segene

nail varnish

wiro

cotton wool

sisooje segene

nail scissors

parfooŋ

perfume

saawdu lawyirdu

washbag

kuudi

stool

bacce ɓetirde

weighing scale

wutte lootorɗo

bathrobe

kawaseeje dalli

rubber gloves

tampooŋ

tampon

sarbet laɓɓinoorɗo

sanitary towel

lootogol cellungol

chemical toilet

# suudu suka
# child's room

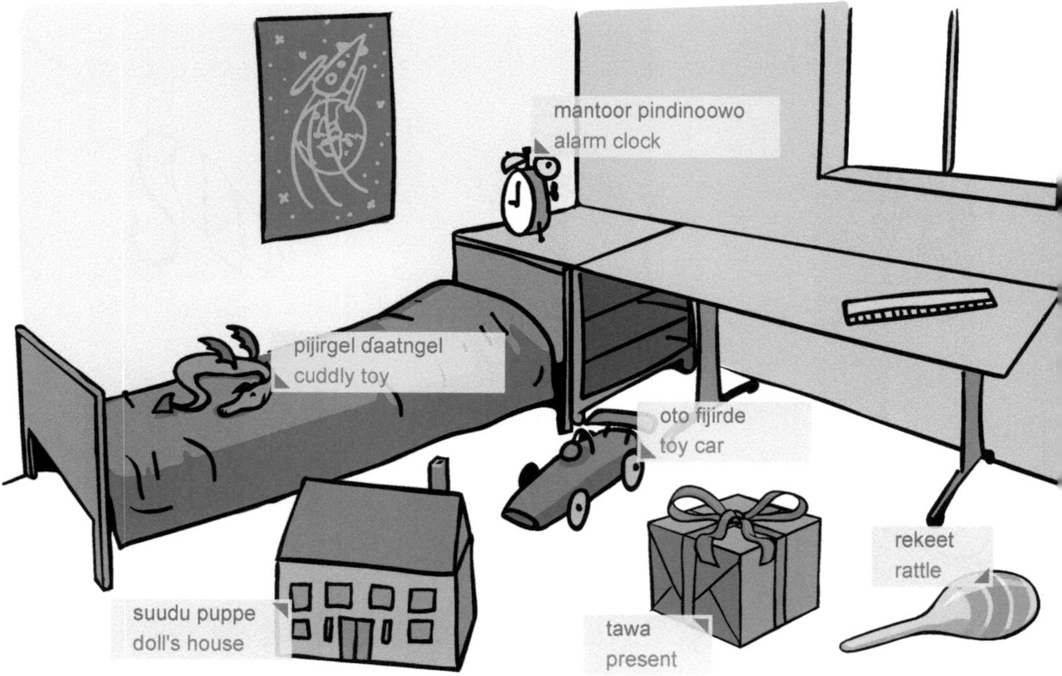

mantoor pindinoowo
alarm clock
pijirgel daatngel
cuddly toy
oto fijirde
toy car
rekeet
rattle
suudu puppe
doll's house
tawa
present

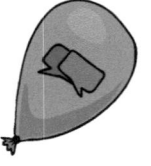

baloon
balloon

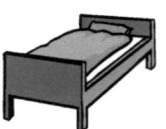

lelnde
bed

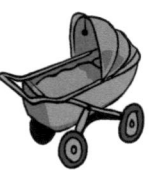

puus puus
pram

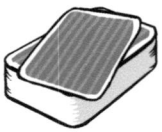

taabal karte
deck of cards

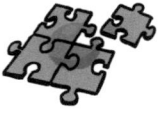

juwirgal
jigsaw

jalnii
comic

tuufeeje lego

lego bricks

kaaÿe maadi

building blocks

pijirgel suka

action figure

wutte suka

babygrow

mbiifu

frisbee

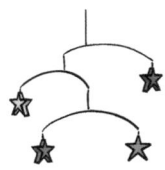

noddirgel

mobile

fijirde alluwal

board game

dee

dice

tereŋ jahiroowo batiri

model train set

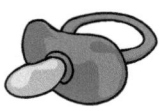

ɗaayɗo

dummy

hiirde

party

deftere natte

picture book

bal

ball

puppe

doll

fij

play

ngaska leydi

sandpit

yirlude

swing

pijirɗe

toys

fijirde widoo peley

video game console

biifi tati

tricycle

uluundu pijirgel

teddy bear

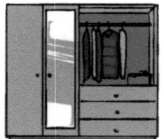

woliis

wardrobe

# boornogol

## clothing

kawaseeje

socks

baardinirɗi

stockings

dogirɗi

tights

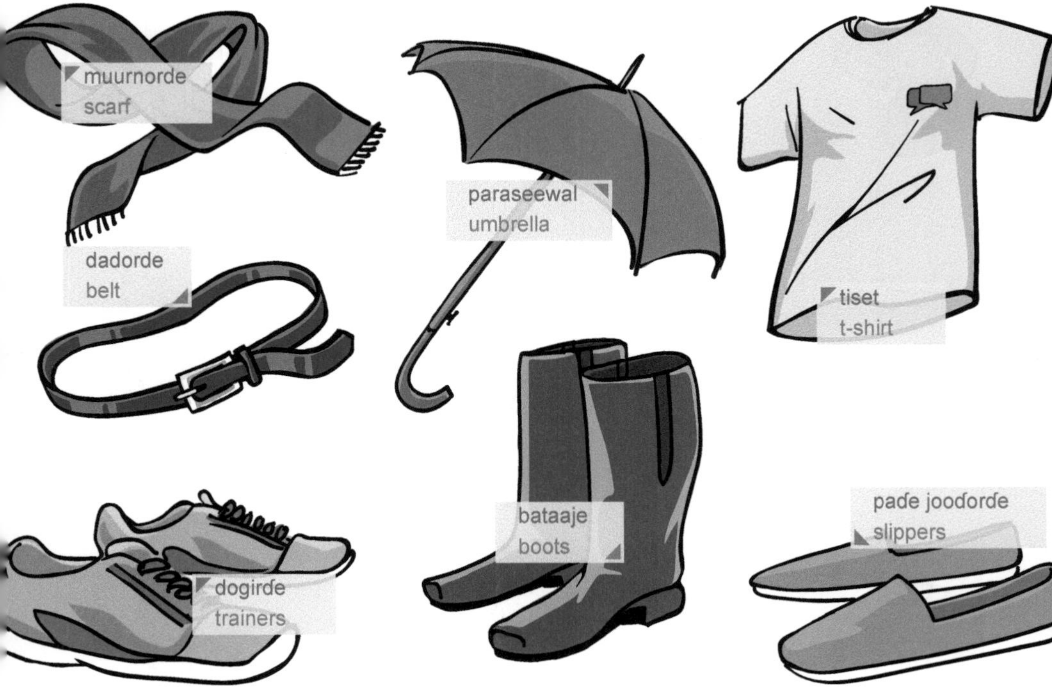

muurnorde
scarf

paraseewal
umbrella

dadorde
belt

tiset
t-shirt

bataaje
boots

pađe joođorđe
slippers

dogirđe
trainers

caraax

sandals

pađe

shoes

bataaje dalli

rubber boots

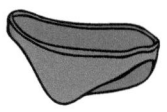

cakkirđi

underpants

site ŋoos

bra

weste

vest

ɓandu

body

tuuba

trousers

jiin

jeans

sippu

skirt

buluus

blouse

wuttel

shirt

piliweer

pullover

njallaaba

hoodie

balaseer suka

blazer

jakett

jacket

sabandoor

coat

wutte toɓo

raincoat

kossim

costume

robbo

dress

wutte cuddungu

wedding dress

cakkirɗo

suit

robbo baalduɗo

nightgown

baaluɗi

pyjamas

sari

sari

fiilorde

headscarf

kaala

turban

misoor

burqa

haftan

kaftan

abaaye

abaya

lumborɗo

swimsuit

leɗɗe

trunks

kilooti

shorts

dewirɗi

tracksuit

aparooŋ

apron

kawase

gloves

nebbu

button

lone

glasses

jawo

bracelet

cakka

necklace

feggere

ring

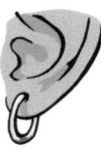

hootonde

earring

laafa

cap

jaggirgal sabandoor

coat hanger

kufna

hat

karwaat

tie

korsude

zip

tengaade

helmet

jawe

braces

wutte jaŋirɗo

school uniform

dadorɗo

uniform

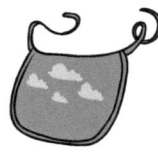

nappu suka

bib

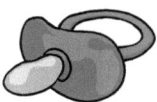

ɗaayɗo

dummy

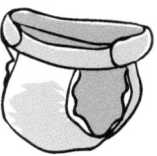

fooftini

nappy

# gollorde

# office

carwoowo
server
nokku bindirɗo
filing cabinet
jaltinoowo
printer
kaayit
paper
peewnoowo
monitor
doomburu
mouse
biro
desk
suudu
folder
bindirgal
keyboard
jooɗorde
chair
siwo mbalis
waste-paper basket
ordinateer
computer


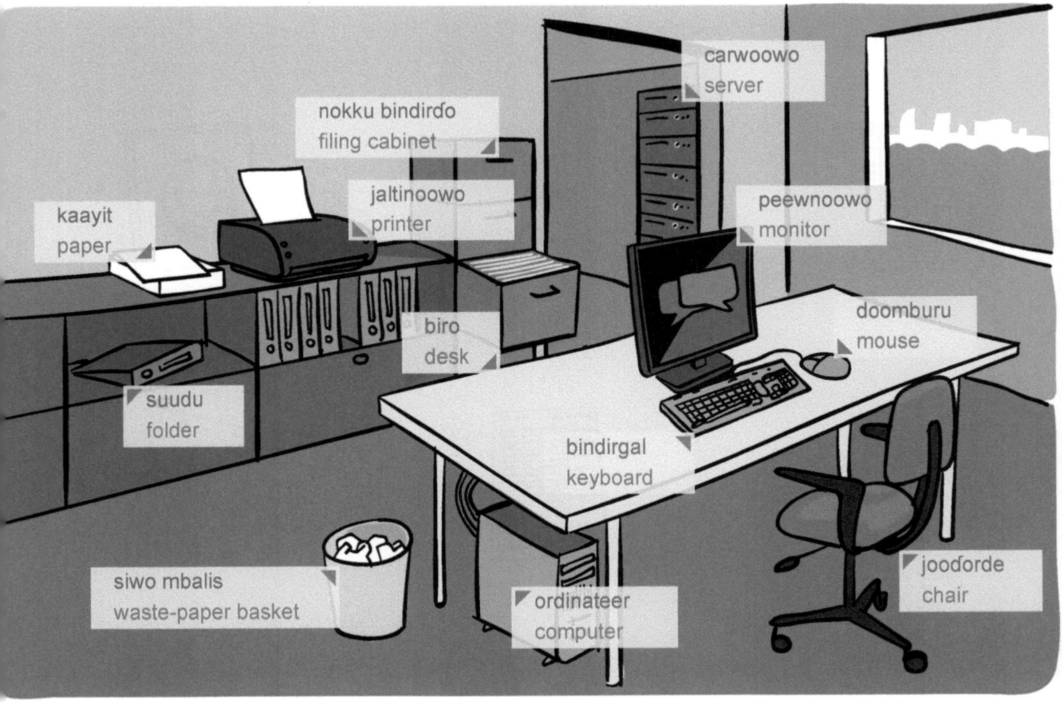

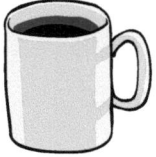

koppu kafe

coffee mug

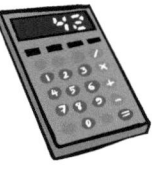

tongirde

calculator

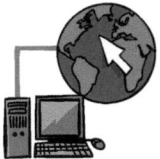

enternet

internet

ordinateer

laptop

ɓataake kaayit

letter

ɓataake

message

noddirgel

mobile

jokkondiral

network

nandinoowo

photocopier

kuutorgel

software

noddirgel

telephone

piriis

plug socket

masiŋ faksii

fax machine

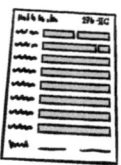

sifaa

form

kaayit

document

sood

buy

yoɓ

pay

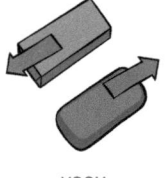

yeey

trade

kaalis

money

dolaar

dollar

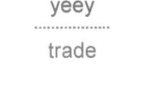

oro

euro

yeen

yen

ruubal

rouble

siiwis farayse

Swiss franc

yuwaan renminbi

renminbi yuan

ruppii

rupee

nokku ngalu

cashpoint

nokku beccirɗo

bureau de change

kaŋe

gold

kaalis

silver

peteroŋ

oil

doole

energy

coggu

price

jokkondiral

contract

lempo

tax

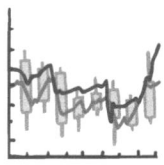

jeyii

stock

liggo

work

liggotooɗo

employee

ligginoowo

employer

isin

factory

yeeyirde

shop

# golle
# occupations

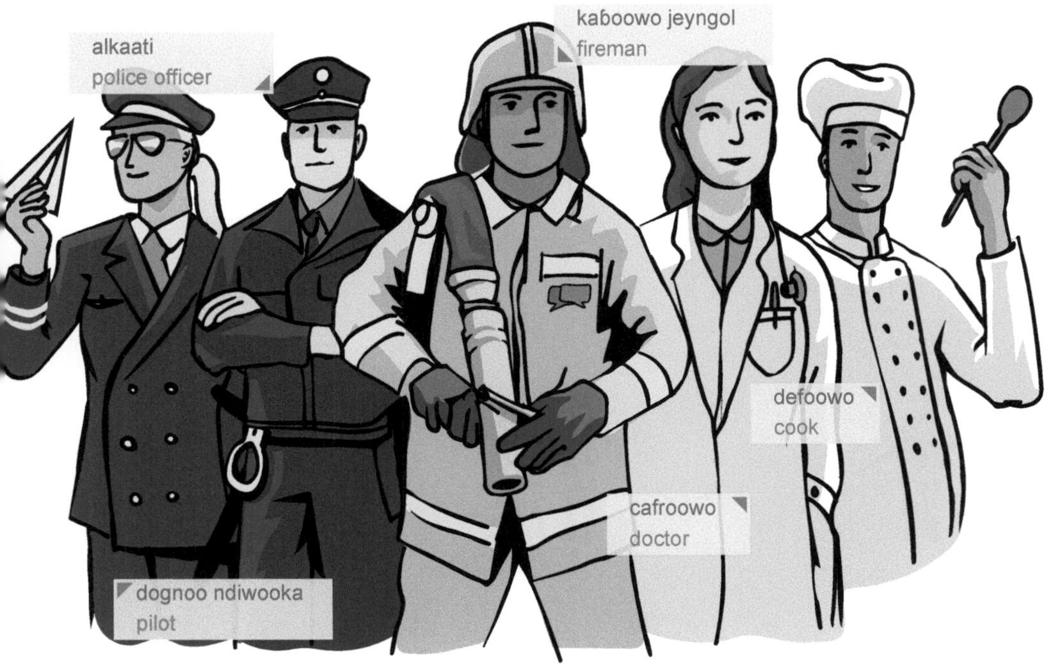
alkaati
police officer
kaboowo jeyngol
fireman
defoowo
cook
cafroowo
doctor
dognoo ndiwooka
pilot

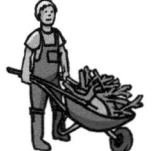

mooftoowo

gardener

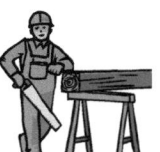

meniise

carpenter

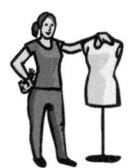

gawoowo debbo

seamstress

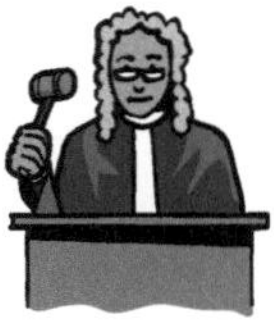

ñaawoowo

judge

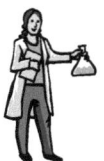

simiyanke

chemist

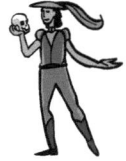

aktoor

actor

**diirnoowo biis**

bus driver

**diirnoowo taksi**

taxi driver

**gawoowo**

fisherman

**debbo pittoowo**

cleaning lady

**biloowo**

roofer

**carwoowo**

waiter

**baañoowo**

hunter

**diidoowo**

painter

**piyoo mburu**

baker

**peewnoo jeyngol**

electrician

**mahoowo**

builder

**eseñoor**

engineer

**buusee**

butcher

**polombiyee**

plumber

**neɗɗo posto**

postman

soldaat

soldier

arsitekte

architect

ngaluyanke

cashier

ledɗeyanke

florist

mooroowo

hairdresser

diirnoowo

conductor

peenoowo jamɗe

mechanic

gardiiɗo

captain

safroowo ñiiỹe

dentist

gando

scientist

babbiin

rabbi

almaami

imam

muwaan

monk

neɗɗo alla

clergyman

# kuutorɗe

## tools

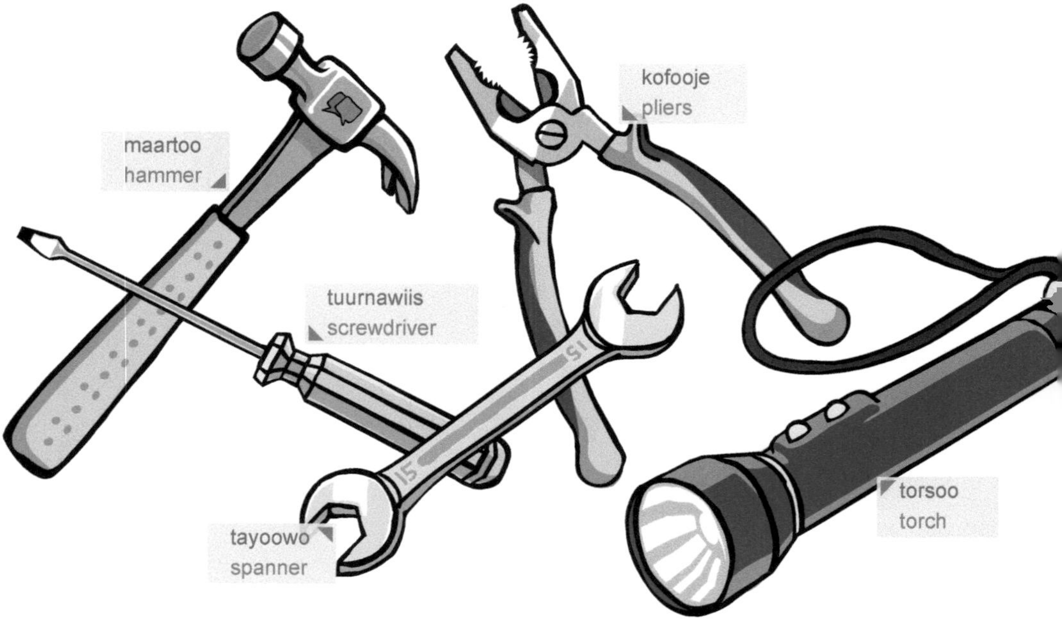
maartoo
hammer
kofooje
pliers
tuurnawiis
screwdriver
tayoowo
spanner
torsoo
torch

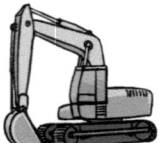

ngasirdi

digger

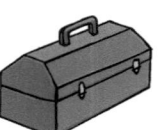

suudu kuutorɗe

toolbox

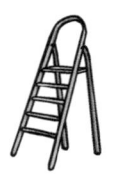

seel

ladder

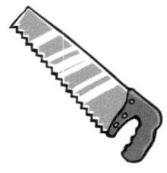

siiy

saw

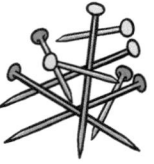

pontooje

nails

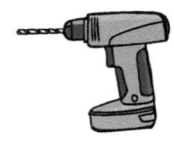

yuwirde

drill

feewnit

repair

nokkirde

shovel

sooot

Damn!

peel

dustpan

pot diidirɗo

paint pot

wiisuuji

screws

# pijirɗe
# musical instruments

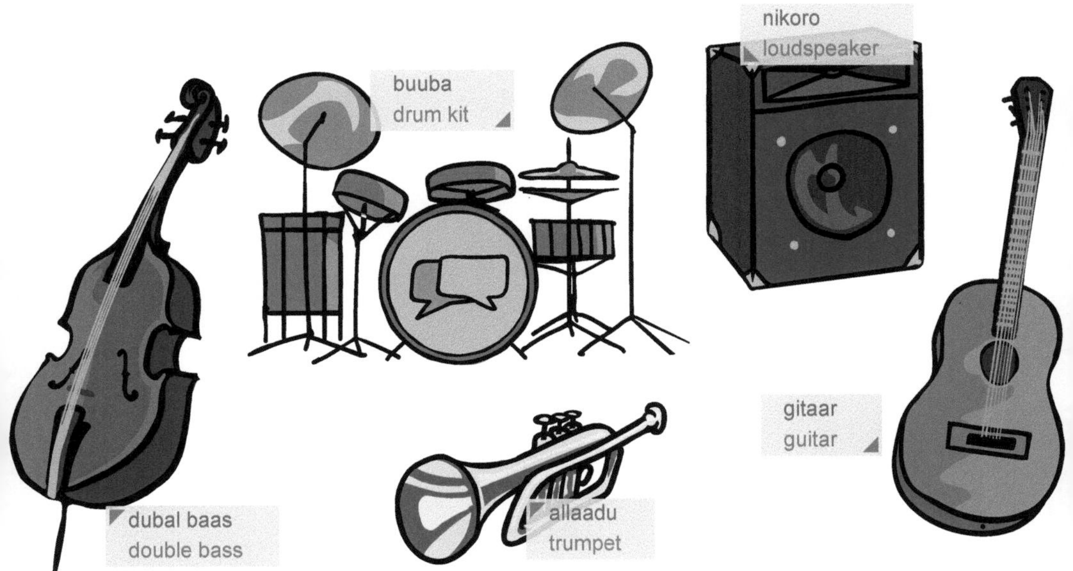

nikoro
loudspeaker

buuba
drum kit

gitaar
guitar

dubal baas
double bass

allaadu
trumpet

piyaano

piano

ñaañooru

violin

baas

bass

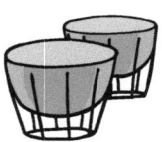

timpaan

timpani

bawɗi

drums

bindirgal

keyboard

saksofooŋ

saxophone

coolumbel

flute

haaldude

microphone

# nehirde kulle

## zoo

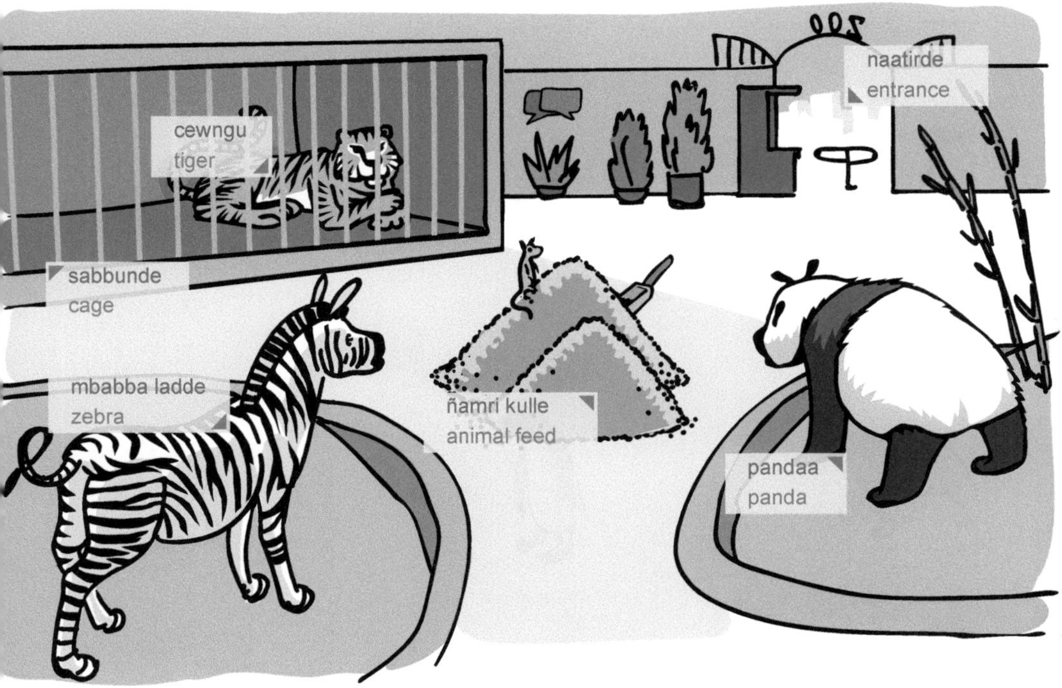
naatirde
entrance
cewngu
tiger
sabbunde
cage
mbabba ladde
zebra
ñamri kulle
animal feed
pandaa
panda

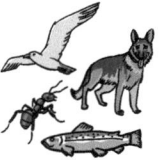

kulle

animals

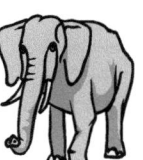

ñiiwa

elephant

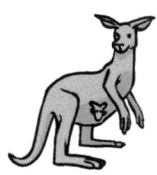

kanguruu

kangaroo

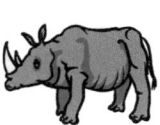

liwoongu

rhino

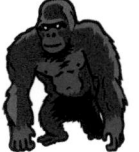

waandu

gorilla

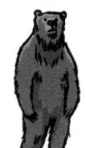

fowru

bear

ngelooba

camel

jaawagal

ostrich

mbaroodi

lion

golo

monkey

ñaarpural

flamingo

seku

parrot

fowru nees

polar bear

peŋwee

penguin

reke

shark

ngoriyal

peacock

mboddi

snake

nooro

crocodile

deenoowo kulle

zookeeper

liingu

seal

cewngu

jaguar

molel puccu

pony

cewlu

leopard

ngabu

hippo

ñamala

giraffe

ciilal

eagle

fowru

boar

liingu

fish

heende

turtle

morsee

walrus

daga

fox

lella

gazelle

fugu koyngel Amarik
American football

welo
cycling

teniis
tennis

basket
basketball

lumbaade
swimming

bokse
boxing

okey e galaas
ice hockey

fugu koyngel
football

badminton
badminton

dogduuji
athletics

fugu jungo
handball

eskiiy
skiing

polo
polo

jal
laugh

diw
jump

uurno
hug

yah
walk

yim
sing

hoyɗu
dream

juul
pray

buuco
kiss

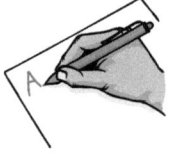

windu
write

diid
draw

hollu
show

duñ
push

rokku
give

naw
take

jogo

have

waɗ

do

won

be

daro

stand

dog

run

ittu

pull

weddo

throw

yan

fall

fen

lie

fad

wait

naw

carry

jooɗo

sit

boorno

get dressed

ɗaano

sleep

finn

wake up

ndaar

look at

woy

cry

fiiy

stroke

koomu

comb

haal

talk

faam

understand

naamdo

ask

hetto

listen

yar

drink

ñaam

eat

haɓɓu

tidy up

yiđ

love

def

cook

diirnu

drive

diw

fly

awyu

sail

lim

calculate

jangu

read

jangu

learn

liggo

work

res

marry

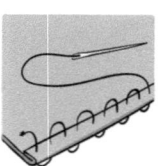

aaw

sew

boris ñiiÿe

brush teeth

war

kill

simmo

smoke

neldu

send

# ɓesngu
# family

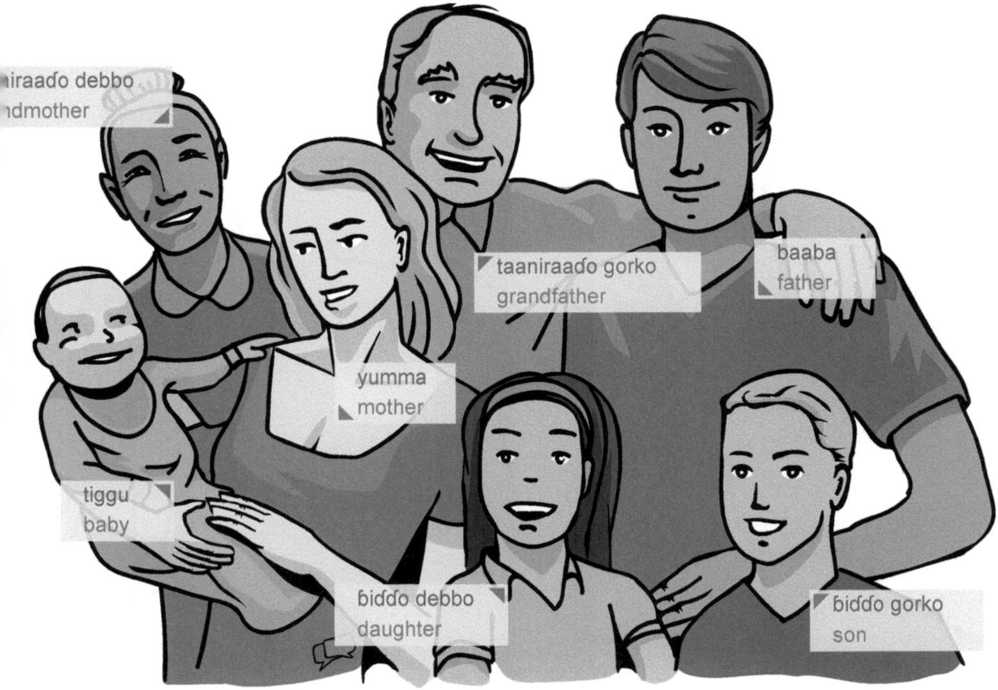

ıiraaɗo debbo
ıdmother
taaniraaɗo gorko
grandfather
baaba
father
yumma
mother
tiggu
baby
ɓiɗɗo debbo
daughter
ɓiɗɗo gorko
son


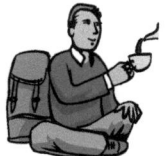

koɗo

guest

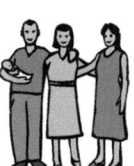

gogo

aunt

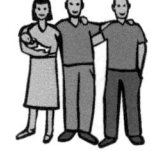

kaawiraaɗo

uncle

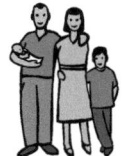

mawniraaɗo gorko

brother

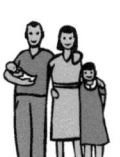

mawniraaɗo debbo

sister

# bandu

# body

tiinde
forehead

yitere
eye

walabo
shoulder

feɗeendu
finger

yeeso
face

waare
chin

jungo
hand

endu
breast

korlal
leg

jungo
arm

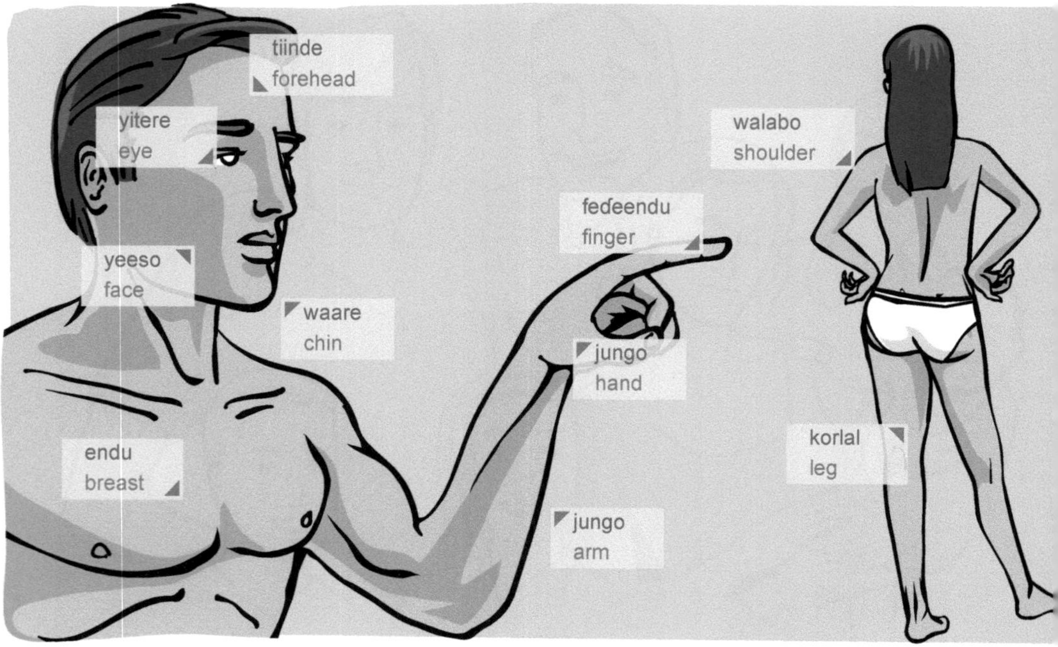

tiggu

baby

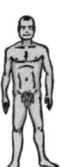

gorko

man

debbo

woman

debbo

girl

gorko

boy

hoore

head

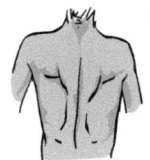

keeci
.....................
back

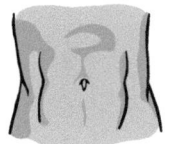

reedu
.....................
belly

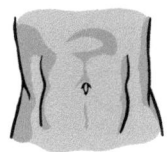

wudduru
.....................
belly button

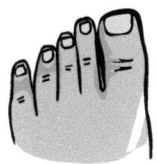

feɗeendu
.....................
toe

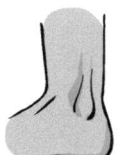

njaaɓordi
.....................
heel

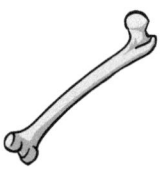

ÿiyal
.....................
bone

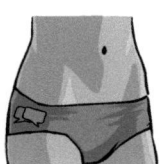

buhal
.....................
hip

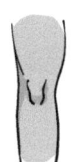

hofru
.....................
knee

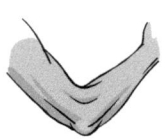

fooŋturu
.....................
elbow

hinere
.....................
nose

gaɗa
.....................
bottom

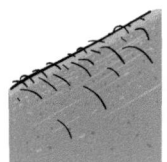

nguru
.....................
skin

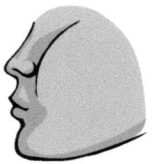

aɓɓuko
.....................
cheek

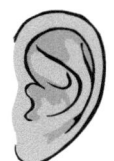

nofru
.....................
ear

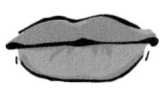

tondu
.....................
lip

ɓandu - body

hunuko

mouth

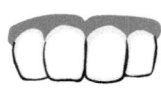

ñiire

tooth

ɗemngal

tongue

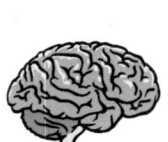

ngaandi

brain

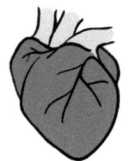

bernde

heart

ŷiye

muscle

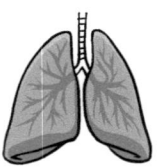

jofe

lung

heeñere

liver

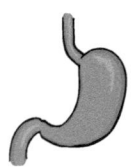

kuuse

stomach

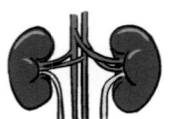

booŷe

kidneys

leldaade

sex

kawasal

condom

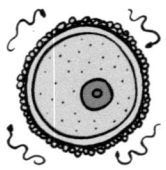

boccoonde

ovum

maniiyu

semen

cowagol

pregnancy

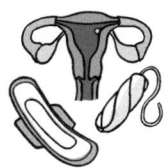

ella

menstruation

kottu

vagina

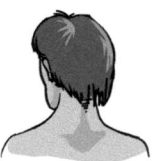

soolde

penis

leeɓol yitere

eyebrow

sukundu

hair

daande

neck

# safrirdu
# hospital

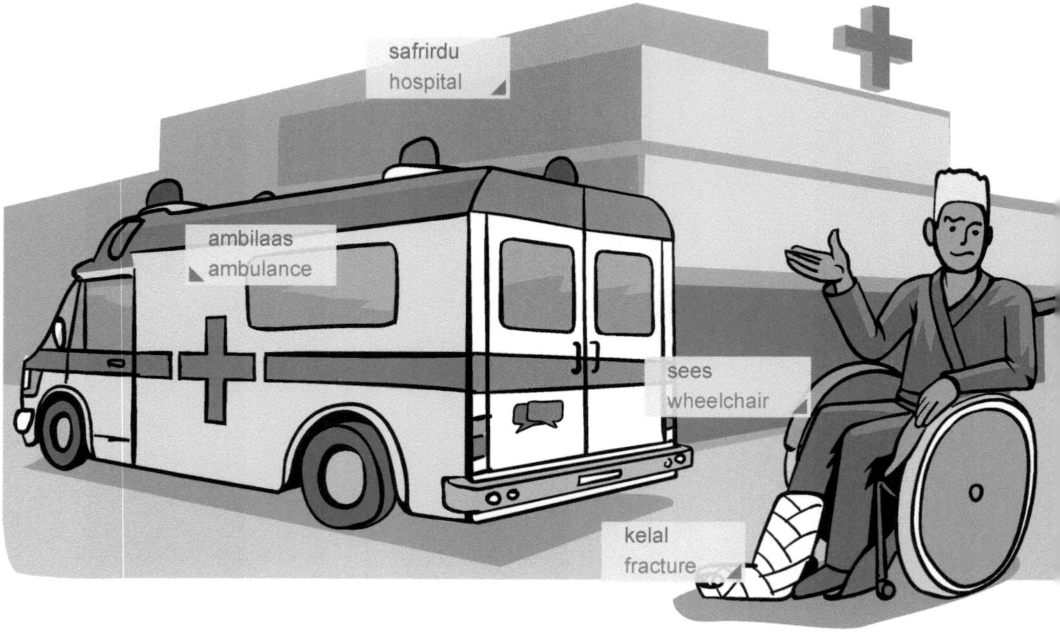

safrirdu
hospital
ambilaas
ambulance
sees
wheelchair
kelal
fracture

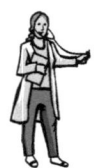

cafroowo

doctor

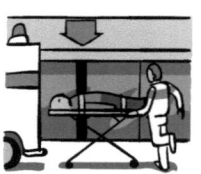

suudu heñaare

emergency room

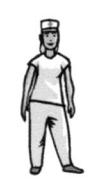

debbo cafroowo

nurse

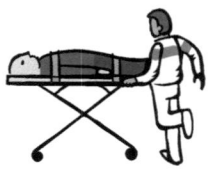

heñorde

emergency

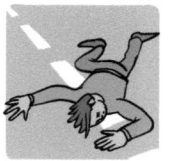

wondaane hakkile

unconscious

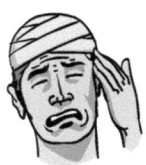

muuseeki

pain

**gaañande**

injury

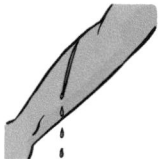

**tuɗde ÿiiÿam**

bleeding

**muuseeki ɓernde**

heart attack

**piigol**

stroke

**nefo**

allergy

**ɗojjude**

cough

**bandu wulooru**

fever

**pali**

flu

**ndogu reedu**

diarrhoea

**hoore muusoore**

headache

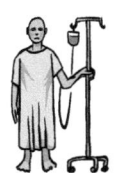

**kaaseer**

cancer

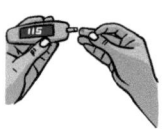

**jabett**

diabetes

**oppiroowo**

surgeon

**jaggirdi**

scalpel

**oppeere**

operation

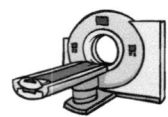

CT

CT

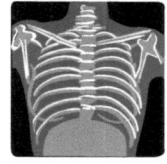

buuɗi x

x-ray

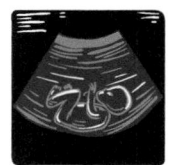

iltarasooŋ

ultrasound

huurirdu yeeso

face mask

rafi

disease

heblorde

waiting room

beeke

crutch

tabak

plaster

bandaas

bandage

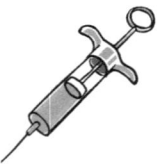

pinggu

injection

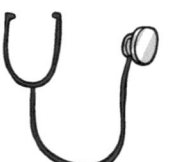

estetoskop

stethoscope

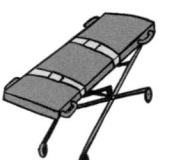

pooɗoowo

stretcher

termomeeter safrirdu

clinical thermometer

jibinande

birth

ɓuttiɗgol

overweight

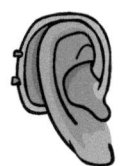

ballal nanirɗe

hearing aid

laɓɓinoowo

disinfectant

raaɓo

infection

wiriis

virus

SIDAA

HIV / AIDS

lekki

medicine

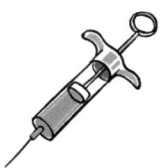

ñakko

vaccination

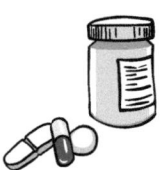

poɗɗe

tablets

foɗɗere

pill

noddaango heñiingo

emergency call

ÿeewtorde yaadu ÿiiyam

blood pressure monitor

faawŋi / selli

ill / healthy

Ballal

Help!

pindinoowo

alarm

njangu

assault

raaŋande

attack

boomre

danger

yaltirde yaawnde

emergency exit

Jeyngol

Fire!

ñifoowo jeyngol

fire extinguisher

aksida

accident

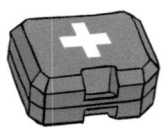

saawdu safaara gadano

first-aid kit

SOS

SOS

poliis

police

Orop

Europe

Amarik Rewo

North America

Amarik Worgo

South America

Afirik

Africa

Aasi

Asia

Ostaraali

Australia

Atalantik

Atlantic

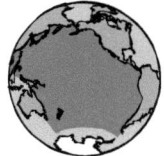

Pasifik

Pacific

Maayo Endo

Indian Ocean

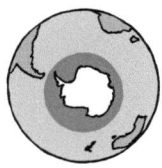

Maayo Antarkatik

Antarctic Ocean

Maayo Arkatik

Arctic Ocean

Baŋe Rewo

North Pole

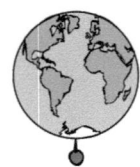

Baŋe Worgo

South Pole

Antarkatik

Antarctica

Leydi

Earth

leydi

land

maayo

sea

siire

island

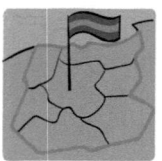

wuro

nation

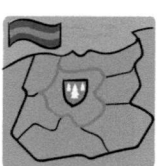

laamu

state

yeeso waktu

clock face

jungo waktu

hour hand

jungo hojoma

minute hand

jungo majaango

second hand

hol waktu?

What time is it?

ñalawma

day

saha

time

jooni

now

mantoor nattoowo

digital watch

hojoma

minute

waktu

hour

# yontere
## week

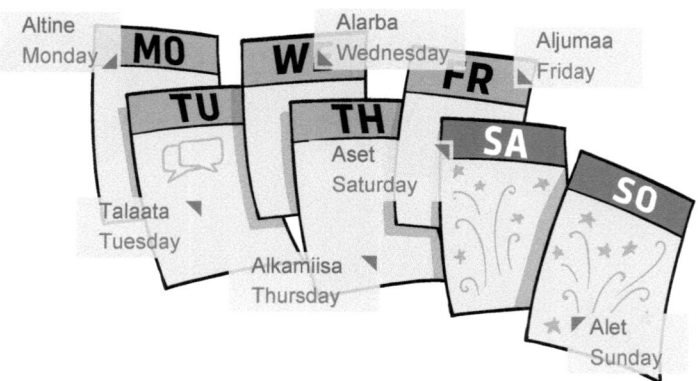

Altine
Monday

Alarba
Wednesday

Aljumaa
Friday

Talaata
Tuesday

Aset
Saturday

Alkamiisa
Thursday

Alet
Sunday

hanki
yesterday

hande
today

jango
tomorrow

subaka
morning

ñalawma
noon

kikiiɗe
evening

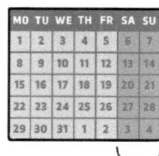

biir
business days

ñalɗi
weekend

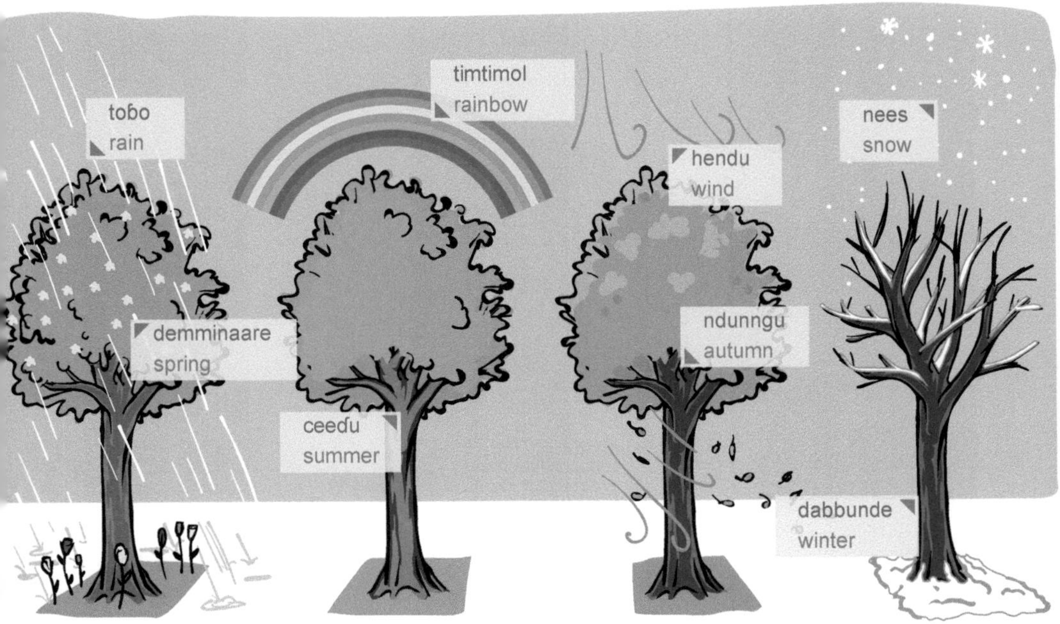
toɓo
rain
timtimol
rainbow
hendu
wind
nees
snow
demminaare
spring
ceeɗu
summer
ndunngu
autumn
dabbunde
winter

4.APRIL 11°
5.APRIL 4°
6.APRIL 13°
7.APRIL 8°
8.APRIL 10°

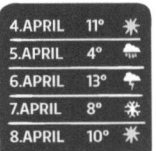

kabaaru weeyo

weather forecast

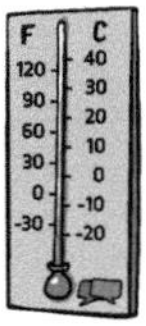
F
C
120
90
60
30
0
-30
40
30
20
10
0
-10
-20

termomeeter

thermometer

naaŋini

sunshine

ruulde

cloud

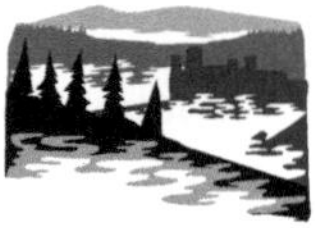

cuurki

fog

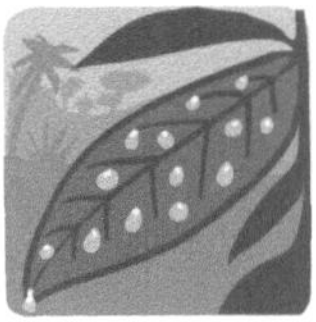

uddeende

humidity

majje

lightning

gidaango

thunder

hendu

storm

huɗɗni

hail

ruulɗini

monsoon

waame

flood

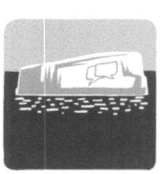

nees

ice

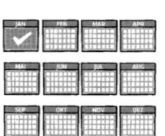

Siilo

January

Colte

February

Mbooy

March

Seeɗto

April

Duuyal

May

Korse

June

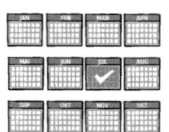

Morse

July

Juko

August

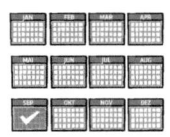

Siilto
.................
September

Yarkoma
.................
October

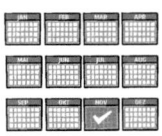

Jolal
.................
November

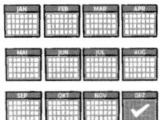

Bowte
.................
December

taarto
.................
circle

yaajeendi
.................
square

yaajo
.................
rectangle

saraandi
.................
triangle

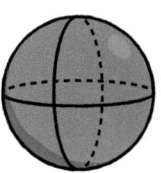

mbiifu
.................
sphere

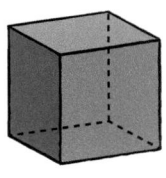

kiibb
.................
cube

daneejo

white

oolo

yellow

oraas

orange

roos

pink

boɗeejo

red

mboongu

purple

bulaajo

blue

werte

green

cooyo

brown

puro

grey

ɓaleejo

black

**heewi / seeɗa**

a lot / a little

**seki / deeyi**

angry / calm

**yooɗi / soofi**

beautiful / ugly

**fuuɗorde / gasirde**

beginning / end

**mawɗo / tokooso**

big / small

**leeri / niɓɓiɗi**

bright / dark

**maniraaɗo / miñiraaɗo**

brother / sister

**laaɓi / tunwi**

clean / dirty

**timmi / manki**

complete / incomplete

**ñalawma / jamma**

day / night

**maayi / wuuri**

dead / alive

**yaaji / faaɗi**

wide / narrow

nano / nanotaako

edible / inedible

boni / moÿÿi

evil / kind

softi / yoomi

excited / bored

ɓuttiɗi / sewi

fat / thin

adi / wattindi

first / last

sehil / gaño

friend / enemy

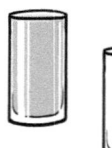

heewi / ɓolɗi

full / empty

muusi / weeɓi

hard / soft

teddi / hoyi

heavy / light

heege / ɗomka

hunger / thirst

faawŋi / selli

ill / healthy

wona laawol / laawol

illegal / legal

feerti / muddiɗi

intelligent / stupid

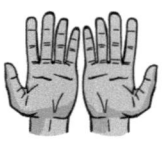

nano / ñaamo

left / right

ɓatti / woɗɗi

near / far

keso / kiidɗo

new / used

ndiga / huunde

nothing / something

nayeejo / suka

old / young

huɓɓi / ñifii

on / off

uditi / uddii

open / closed

deeÿi / dille

quiet / loud

aldi / waasi

rich / poor

goonga / fenaande

right / wrong

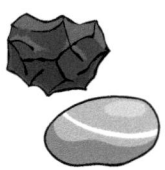

tiidi / nooyi

rough / smooth

metti / weli

sad / happy

raɓɓidi / juuti

short / long

leeli / yaawi

slow / fast

leppi / yoori

wet / dry

wuli / ɓuuɓi

warm / cool

hare / jam

war / peace

# pinɗe

## numbers

**0**

ndiga

zero

**1**

gooto

one

**2**

ɗiɗi

two

**3**

tati

three

**4**

nay

four

**5**

joy

five

**6**

jeegom

six

**7**

jeeɗiɗi

seven

**8**

jeetati

eight

**9**

jeenay

nine

**10**

sappo

ten

**11**

sappoy goo

eleven

**12**

sappoy ɗiɗi

twelve

**13**

sappoy tati

thirteen

**14**

sappoy nay

fourteen

**15**

sappoy joy

fifteen

**16**

sappoy jeegom

sixteen

**17**

sappoy jeeɗiɗi

seventeen

**18**

sappoy jeetati

eighteen

**19**

sappoy jeenay

nineteen

**20**

noogaas

twenty

**100**

teemedere

hundred

**1.000**

ujunere

thousand

**1.000.000**

miliyooŋ

million

Aŋale

English

Aŋale Amarik

American English

Mandare Siinaaɓe

Chinese Mandarin

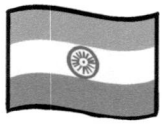

Hindi

Hindi

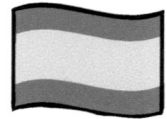

Espaɲool

Spanish

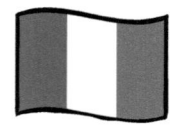

Farayse

French

Arab

Arabic

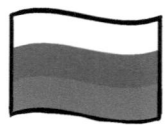

Riis

Russian

Portigees

Portuguese

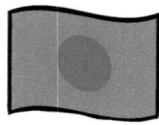

Bengali

Bengali

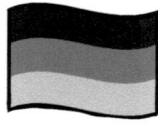

Almaa

German

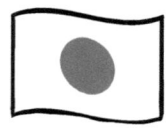

Sapponee

Japanese

miin

I

an

you

kanko / kanko / kanum

he / she / it

minen

we

onon

you

kamɓe

they

holoon?

who?

holɗuum?

what?

holnoon?

how?

holtoon?

where?

mande?

when?

inde

name

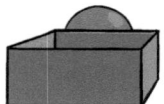

caggal

behind

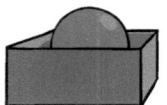

nder

in

sawndo

in front of

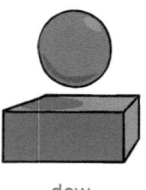

dow

over

e

on

les

under

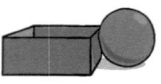

sara

beside

hakkunde

between

nokku

place